장안문 달빛에 막혀 집에 가지 못했다

문학과사람 시선 030

장안문 달빛에 막혀 집에 가지 못했다
문학과사람 시선 030

초판 1쇄 발행 | 2024년 3월 15일

지 은 이 | 김우영
펴 낸 이 | 김광기
펴 낸 곳 | 문학과 사람
등록번호 | 제2016-9호
등록일자 | 2016년 7월 22일
주　　소 | 경기도 시흥시 하상로 36 금호타운 301-203
　　　　　서울시 마포구 성미산로 1길 30, 2층
전　　화 | 031) 253-2575
전자우편 | poetbooks@naver.com
홈페이지 | http://cafe.daum.net/yadan21

ISBN 979-11-93841-04-4 03810

값 12,000원

* 이 책은 전부 또는 일부 내용을 재사용하려면 저자와 '문학과 사람'의 동의를 받아야 합니다.
* 이 도서의 국립중앙도서관 출판도서목록은 서지정보유통지원시스템 홈페이지(http://seoji.nl.go.kr)와 국가자료공동목록시스템(http://www.nl.go.kr/kolisnet)에서 이용하실 수 있습니다.

* 이 시집은 교보문고와 연계하여 전자책으로도 출간됩니다.
* 본문에서 페이지가 바뀌며 연 구분 공간이 있을 때에는〈 표기를 합니다.

장안문 달빛에 막혀 집에 가지 못했다

김우영 시집

*사진 「장안문 야경」 이용창 화성연구회 이사

■ 시인의 말

네 번째 시집입니다.
출판사를 하고 있는 김광기 시인 덕분입니다.
아마도 더는 시집을 낼 것 같지 않습니다.
내 스스로 보아도
종잇값이 아까울 정도로 못난 시이기 때문입니다.

이 시집엔 수원 관련 시들만 추려서 묶었습니다.
예전 시집에 수록됐던 시들도 다시 담아봤습니다.
한평생 나를 먹여주고
재워줬던 수원에 대한 고마움 때문입니다.

- 2024년 3월, 수원 종로 우거에서

■ 차 례

1부 화성에서

장안문에서 달빛에 막혀 - 17
그대들, 비록 그 자리 초대받지 못하였으나 - 18
서장대 노을 - 20
공심돈(空心墩) 앞에서 - 21
공심돈에서 술을 마셨다 - 22
이자근노미- 김큰노미 - 24
방화수류정 - 26
봉수대 - 27
바람, 억새꽃, 동남각루 - 28
화양루 가는 길 - 30
화홍문 - 32
오늘 새로운 성이 쌓인다 - 34
사랑, 서북각루에서 - 36

2부 광교산에서

산음(山吟) - 39
딱따구리 존자 - 40
광교산에서 - 42
광교 창성사지에서 취하다 - 43
출토, 창성사지 - 44

광교, 소류지 단풍 – 45
광교, 여법(如法)하다 – 46
광교 희각(光敎 喜覺) – 47
광교, 사라지다 – 48
광교, 어느 날 – 49
광교산, 보리밥 – 50
광교, 사모곡(思母曲) – 52
광교, 하산길 – 54
광교행(光敎行) – 55
적멸(寂滅) – 56

3부 수원에서

초승달 – 59
우만동 우거(牛滿洞 寓居) – 60
팔달산 흰제비꽃 – 62
봄날 – 63
종로 여민각 풍경 – 64
회귀, 수원 – 66
수원 포교당 앞에서 – 67
수원천 봄 까치 꽃 – 68
봄비 – 69
혼자 늦은 아침상을 차리며 – 70

민들레꽃 − 72
외상 − 73
그날, 병점역에서 − 74
다시, 병점역에서 − 76
또 병점역 − 78
시제불필요(詩題不必要) 7 − 80
시제불필요(詩題不必要) 8 − 82
시제불필요(詩題不必要) 9 − 84
가을 1 − 85
가을 2 − 86
4월 − 87
그날 수영리 저녁 − 88

■ 해설 | 김광기(시인, 문학과사람 발행인) − 91

■ 부록 |「이 계절의 시인」대담
임애월(시인, 한국시학 편집주간) − 105

1부

화성에서

장안문에서 달빛에 막혀

성 밖 새술막거리에서
작부 앉히고 진탕 놀다

흥얼흥얼 노래하며 텅 빈 골목길에 방뇨하고
큰길 나와 바라본 팔달산 서장대 위로
오호 달 떠 올랐구나

달빛
성벽 타고 장안문까지 감싸 안으며
깊고 푸른 해자 만들었다
헤엄칠 수 없고
뱃사공 불러 노 저을 수도 없던 그 물줄기

달빛에 막혀 집에 돌아가지 못했다

그대들, 비록 그 자리 초대받지 못하였으나
– 그날 수원에서의 잔치, 낙성연(落成宴)

윤복쇠, 김대노미, 김개불, 김쇠고치, 지악발, 이자근노미…

그대들 비록 그때 그 자리 초대받지 못하였으나
저 성벽과 누각, 수원천에 비치는 달빛
만천명월(萬川明月)의 주인은 그대들일세

동서남북 그리고 여기
오방기 흔드는 바람도 그대들임을 내 잘 알지

그대들 원력(願力)으로 다진 터에
눈물 수천 줄기 모여 흐르던 내에
저 좀 보아
굳은 맹세처럼 성이 솟았네

이 자리에 없으나
나의 마음속 큰 술잔 받으시게
이어인노미, 김육손, 김노랭이, 황시월쇠, 정춘득…

〈
기세 푸르던 장용영 군사들
춤추고 노래하던 여령들과
장안문 밖 새술막거리 주모
그대들도 오늘 밤은 불취무귀(不醉無歸)

비록 그날 잔치에 초대받지 못하였으나
김오십동이, 강허무쇠, 최말불, 김순노미, 박작은여출
1796년으로부터 224년이 흐른 2020년
오늘에서야
그대들에게 내미는
아직도 여여(如如)한 이 마음 한잔 받아주시게

서장대 노을

이번 생애도 뉘엿뉘엿
구름에 가려 한 소식 듣지 못하는가

그저 걸어왔던 저 길
눈길 주었던 건너편 산

때마침 불어오는 바람 더불어
명부(冥府) 들렀다
숙취와 더불어 잠 깨
또 저녁노을 기다릴 건가

그 구름이 한 소식이란 거
손에 쥐여줘도 매번 알아보지 못하는 사람
저녁마다 눈 비비며
팔달산 서장대 오른다

공심돈(空心墩) 앞에서

본래는 전생의 기억조차 없었던
무형체인 내가
알음알이로 이 면목의 형체를 지어

꽤 오랜 날 살아왔으니
이제 그 잡스러운 물건 가득한
마음 좀 텅 비우고

주어 목적어
수시로 형상 짓지 말 것이며
바람이나 빗방울, 구름에 순응할 것이며…

내가 보고 들은 것은
이것이 전부
남김없이
다 토해내 텅 비었으니
다시 막걸리나 한잔하세

공심돈에서 술을 마셨다

시선이 가는 곳에
그게 있었다

본질보다 더 빛나는 모양으로
대유둔 너머
여름 눈발 바라보고 있었다

아직 사람이 보이지 않는 새벽
담쟁이덩굴 속에 숨은 총안(銃眼)에서
생각들이 무수히 날아올라 성곽을 배회했다

"아름다움을 보지 마라"
그중 한 생각이 술잔 속으로 떨어지는 것을 보았다
쯧쯧쯧 아무래도 내가
그때 거기 서 있었던 것 같다
〈

날이 밝을 때까지도
마음 비우지 못하고
그와 헤어졌다

이자근노미— 김큰노미

　화홍문 밖 수원천 다리 옆
　주먹깨나 흔들며 다니다가 중노릇도 잠시 했던
　뚱뗑이네 왕대포집 나온
　석수 이자근노미 장용영 군사 출신 김큰노미
　불취무귀(不醉無歸), 호기롭게 소리 지르며 한집 더 거치더니
　그예 집으로 돌아가지 못하고
　성 아래 개똥밭 이승에 나란히 누웠지
　그래도 여기가 더 낫지 아무렴
　큰노미 입 크게 벌리고 작은노미 짧은 팔다리 한껏 활개 펴고
　잠들었지

　이백 년 세월 흘러
　역사 연구하는 이자근노미 시 쓰는 김큰노미
　따가운 햇살에 눈 뜬 아침이었지
　거참 또다시 개똥 널려진 성벽 밑 이승이었지
　〈

여기가 어디여
왜 우리 둘이 여기 누워있는 거여
수원천 내려가 낯 씻고
부랴부랴 일 나갔던 그 일이
꼭 그날 같았지

방화수류정

노을빛 달빛에 속지 말라고
그리 일렀거늘

아아 어리석다
눈 떠보니 가을 달 용연에 잠겨있네

방화수류정 찬마루에 누워
아직 본질의 옷깃도 그림자도 보지 못하였네

잘됐다
멀리 가깝게 팔달산과 성벽 병풍 삼고
오늘 나 여기서 또 잠들 테다
그러니 술 한 상 다시 봐오너라

봉수대

기억하니?
내 너를 침범했을 때
실 같은 연기 한 줄 오르지 않았음을

국경 같은 거
아예 없었고

네 꿈속까지 들어갔지만
봄날 복사꽃 잎만 펄펄 날리고 있었음을

바람, 억새꽃, 동남각루

그 늦은 가을
남수문 지나 동남각루 가는 언덕길엔
바람 불 때마다 휘청 낭창 억새꽃들

유난히 모여 피어있네
밤 되면 넋인 듯 흰옷의 그림자
그 사이로 알 듯 알 듯 지나가네

자, 이 술 한잔 받으오

그 언덕에서 목 떨어진
천주학쟁이나 민란 적 칼회 사람이거나 살인강도거나

효수된 목 찾아가기 위해
애간장 다 녹아 서성대던 부모 형제들이거나
그냥 길 가던 낙백 선비이거나
수해 때 무너져 내린 토사에 몸 묻힌 영혼이거나

거기 동남각루 아래 주막서 막걸리 한잔할 때
어쩐지 추운 목숨처럼 바람 다가오거든
이 잔 드시고 가시우
억새꽃 위에라도 뿌려주시게

화양루 가는 길

여기가 어디예요?
아이가 물었다

순간
대낮에 길을 잃었다
알 수 없었다
수백 번 짚어 온
꿈속에서도 익숙했던 그 길

군 비행기 소음 바람 소리 아이의 질문도 순간 멈추고
나 여기 서 있음도 잊었다

비우지 않았는데
텅 비워져
문득 길을 잃었다
이 길 누가 지나갔는지
어떤 사람 이곳에서 목숨 다하였는지
어디로 가야 하는지

그때 그 하늘 달빛 별빛마저 다 잊었다

무아도 아닌 망각이라니
또 흘려서 돌고 돌아 그 자리라니

화홍문

이 사람아 이 미욱한 사람아
한 놈도 벌어먹이기 힘든 세상에
일곱 자식이나 치마 속 끌어안고도

쉴 새 없이 내어주는
아무 생각 없이
착하고 착한 것아

윗집 조선 최고 미인 첩실 삼은 남정네
연무대 쪽 떠오르는 달 보며
일배 우일배(一杯 又一杯) 자네 눈 속에도 달 있네 그려
실없는 수작 부리든지 말든지

수원천에 앉아
만천명월주인옹의 달빛 물 위에 반짝이는 걸
그저 바라만 보다 꿈만 어지럽히다

상사(相思)로다

장마 들다 햇빛 나는 날
가끔씩 그가 볼 수 없는 무지개나 보여주는
이 사람아

오늘 새로운 성이 쌓인다

거기서 사람들이 걸어 나와
손을 잡는다
성을 쌓는다
마을을 이루고 삶이 시작된다

거기서 소리기
흘러나온다
어깨를 끌어안고 노래 부른다
오, 경계가 사라진다

여기에서 그 소리 다시 듣는다
너
나
우리
있음으로
그 소리 우리에게 다시 온다

오늘 새로운 성이 쌓인다

경계 허물어지고
자유의 성이 쌓인다

*수원화성 국제연극제 주제곡 가사

사랑, 서북각루에서

앞으론 보고 싶은 그이만 만나라
만나고 싶은 사람만 보아라
팔달산 꼭대기 서장대
장안문 너머 방화수류정까지
그리움의 눈빛 닿거든

봄날 꽃향기는 물론이고
먹장구름 되어서라도
삭풍 눈보라여도 두려워하지 말고 가서
한 몸 이루거라

바람의 전언(傳言) 가만히 듣다가
그의 목소리 섞여 있거든

2부

광교산에서

산음(山吟)

조락(凋落)의 햇살
나뭇가지를 흔들었다
광교산 자락 오래된 절터
상수리나무 밑에 앉아 있는데
바람 속에서
산이 무자화두(無字話頭)를 던졌다
나무가 잘 물든 나뭇잎 몇 개를
떨어트렸다
아무것도 아니라는 듯
자기들끼리 소리 내며 흐르던 물이
나뭇잎을 데리고
더 낮은 곳으로 흘러갔다

딱따구리 존자

어떤 승려 하나 집안에 들어앉아
불 지르고 난 뒤
또다시 불 지르는 날

저 값진 납의(衲衣) 입은
수백 명의 뚜거덕 뚝뚜거덕 목탁 소리
어지러운 염불보다

광교산 초입 밤나무 숲 구석
내 잠들고 싶었던 곳

그 작은
벌레 한 마리 얻기 위해
전신으로 나무에 부딪히는

따그르르르
따그르르르
나무 쪼는 소리

〈
종파 없고 경전조차 없는
네 목탁 소리가 더 청정하다
딱따구리 존자

광교산에서

산문(山門)에 서 있었다
모른다 그 밖에는

구름이 지나갔다
당신인 줄 알았었다

산과 물
왜 거기 있었는지
생각나지 않았다

광교 창성사지에서 취하다

살아있는 게
뭐 그리 대단한 거라고

무위 유위
변증법
그거 다 말장난이라고
노을이 웃었다

어둠 내린 빈 절터
밤바람 불었다

떠돌던 산신령들이
고수레 몇 잔에 대신 취했다

출토, 창성사지

발굴단이 조심조심 파헤쳐 간
흙 속에는 돌멩이들 속에는
기와 조각도
깨진 사기그릇도
잠자러 들어간 애벌레들도 있지만

잠에서 아우웅 기지개하며 깨어난
천년 전의 바람과
그때 그 가을 햇살도 보였다

푸스스 머리칼 털며 고개 든
생각도 나와 눈을 맞췄다

그러므로 내가 눈을 떴다
감았다
다시 천년 전의 가을이었다

광교, 소류지 단풍

기억 속에 없지만
광교는 천년만년 가을마다
붉고 또 붉었음을 안다

그대와 나
단 한 번
붉었다 지고 말 것인데

나무 저것들도
때가 되면 싹 올렸다가 꽃 피웠다가
또 예쁘게 노랗거나 붉게 물들었다 수십 수백 번
그런 생을 살 텐데

허어 나와 그대
지금 이 자리
단 한 번의 가을
단 한 번의 현존
그조차 허상이라니

광교, 여법(如法)하다

60 나이 가까이
산 그림자
물빛
풀벌레 소리
제대로 보고 듣지 못한
청맹(靑盲)의 사내

돌부처 지고
터벅터벅 산길 내려간다
밤새 걸어
다시 절터로 올라간다

그래 오늘은 여법(如法)하다
해지는 영마루
해 뜨는 것을 보느니

광교 희각(光敎 喜覺)

자네도 이제
돋보기 벗어두고
먼 곳을 볼 나이

저 산 아래에서의 삶 거기 두고
보이지 않는 생각
구름과 놀게 그냥 두고

형제봉 지나 비로봉 건너
어떤 절집 터 마른 풀잎 흔드는 바람과 함께
그 옆 낮은 곳 골라 골라 흘러가는 물 더불어

꿈조차 내려놓아야 할 때
그리하여
오 지금, 희각(喜覺)의 시간

광교, 사라지다

돌아보지 마라
네가 온 길은 이미 없어졌다

지금을 느낀 순간
네 이름도
남기(嵐氣)와 함께 사라졌다

그리하여 이 산중에서
너 홀로 거룩하고 거룩하다

광교, 어느 날

아침,
조천세(朝天勢)!
서늘한 칼날 세워
푸른 눈뜨고
산정에
서 있다가

저녁
하계로 내려와
술집을 찾는다

집에 돌아와
맹호은림(猛虎隱林)
칼 옆에 두고
모로 누워 잠들다

흰머리 휘날리며
바람 속에 선
무사의 꿈을 다시 꾸다

광교산, 보리밥

내 어머니
'애비야 누가 그러던데
광교산 보리밥 그렇게 맛있다고 자랑자랑하더라'

해서 4남매가 모시고 간 산 아래 보리밥집
'에이 오라질 년, 엠병 앓다 땀을 낼 년
이게 뭐가 맛있어
평생 이거나 퍼먹어라'

시집 잘못 와 꽁보리밥조차 배불리 먹지 못했던
내 어머니
숟가락 탁 놓았다

그 다음 해엔
정말로 숟가락 영원히 내려놓았다

오늘 다시 그 집 찾아가

스무 살의 나와 마흔 살의 나, 그리고 예순 다 된 내가 둘러앉아
 술을 마신다 밤늦도록

광교, 사모곡(思母曲)

광교산 버스 종점 가는 길 보리밥집 앞
'오빠, 엄마 보고 싶다
그냥 엄마가 많이 보고 싶네'

한 달 후면 큰딸 시집보내는
누이동생 문자 다시 열어봤다

노인네
조금만 더 사시지
아이 시집가는 거 보면 얼마나 좋아하셨겠어
며칠 전 술 한 잔 겨우 넘기며 눈물 글썽해지던
우리 누이
그날 형제들 가슴 먹먹했었다

'오빠 그거 알아?
아유, 엄마 닮아서 딸이 미인이네
그 말 한 아줌마 되게 혼났다, 애가 어딜 날 닮았냐고'
〈

'얼굴은 나 닮지 말았으면 좋겠다
잘생긴 네 아버지나 닮으라'는 말 평생 입에 달고 다니던
노인네

저승 문턱
'엄니 저 창문 밖 산이 광교산이요, 저거 형제봉, 우리 거기 아래서 보리밥 먹었잖어'
그러나 끝내
큰아들도 못 알아보고
오늘 같은 저녁노을 받으며
바쁘게 길 떠나셨다

광교, 하산길

택시기사 양반
게 서시오
우리 아들 타고 집에 가야 해

어느새
무릎 허리 고관절 중풍 고혈압 당뇨
모두 멀쩡해진 두 노인네

나보다 바람보다 빨리 언덕길 내달아
산문
큰길가에 서 계셨다

잘 가거라
백미러 작은 점
점
점
보이지 않을 때까지
그렇게 손 흔들고 계셨다

광교행(光教行)

빛은 어디 있느냐
가르침은 어디 깊은 산곡(山谷)에 숨어 있는지

늦은 가을빛은
억새 속에서도 이제 빛나지 않는다

빛나라 광영(光榮)이여
낮은 풀들의 높은 소리

서걱이는 곤충들의
저 마지막 움직임을 본다

빛나지 않는다
우리들은 더 속지 않는다

적멸(寂滅)
− 광교산에서

산에 드니
산이 보이지 않았다

삶이여
자네도 혹시 이럴 것인가

사랑
그대 역시

품에 드는 날
자취를 감추고 말 것인가

만유(萬有)가 내 안에 들어
천지 그윽하던 날
산속에서 산이 걸어 나왔다

3부

수원에서

초승달

그 빛의 원천이
해인 걸 잠시 잊고
사랑했네

행궁 광장 건너
팔달산 위 달은 만월로 차오르지 않고
초승달로 남아 있네

그 달
울음인 줄 일찍이 알지 못했네

그대 떠난 자리
세월이 백발 앞세워 들어왔네

우만동 우거(牛滿洞 寓居)

아내는 말했다
이사 온 첫날 밤 방문 앞 산업도로를 지나는 자동차
소음을 뜬 눈으로 들었다고

보증금 100만 원에 월세 4만 원
갚을 자신 있느냐
바람 펑펑 쏟아져 들어오는 문짝이며
온 집안 가득한 궁색을 보라
이번만은 아무래도 당신이 잘못 생각한 것 같다며
임신 7개월의 배를 뒤척이며 잠 못 들어 했다

그렇다 아내여
우리에겐 또
이런 계절이 찾아 왔구나
가진 것 없는 이런 때
25톤 트럭에 어린 딸과 그대
농짝 하나 거느리고
점점 변두리 드디어는 겨울 가까운

이 동네까지
왔구나

울다가 새벽녘 겨울 잠든 그대 얼굴에 비친
초라한 눈물 하나
문득 내 눈물도 거기 보태고 싶다

아, 그러나 쪽문을 밀고 나서면
가득한 이 가을
코스모스 꽃

팔달산 흰제비꽃

서암문 내려가
팔달산 서쪽 솔숲

바위 걸터앉아 바람 소리 듣는다
그 바람 속에서

엄니
나 죽으면 곧바로 시집가라

도지사 공관 옆 병막골
때아닌 가을 흰제비꽃으로
환생한 계집아이의

유언을 들었다
이명처럼

봄날
– 수원 인계동 거리에서

오, 그래
너였구나
응?
거기 너도?

햇빛 좋은 날 아침
자전거 출근길
잠시 멈춰선 횡단보도 앞
전봇대 아래
눈에 익은 풀 몇 포기 장하게 자라고 있네
그 참 제법이네

간밤
봄비 내려
꿈속을 간질이더니
냉이꽃도 거기 피어났네

꿈을 꾸던 장쯔
귀하는 언제 나비로 날아와 앉으시려나?

종로 여민각 풍경

미명
술 취한 노숙자 하나 벤치에 앉아
지나는 사람들 무연히 보고 있다가
자리를 뜬 뒤

한 여인 해 뜨는 쪽으로 무릎 꿇고 정성 드리고 나면

한낮
건물 공사로 둥지 쫓겨난 비둘기 가족
중국집 문 앞 서성거리다 잔반 부스러기 얻어먹고
어디론가 날아간다

저녁
여민각 조명 밝아지면
히히히 짜장면집 아들 철이
장마 속 반달처럼 맨발로 나와
종각에 올라 행궁 광장 물끄러미 바라보다가
이윽고 아비 손에 이끌려 잠자러 들어간다

〈
밤
그것도 나이라고
잠 설치는 날 많아진 나는
벗들 아직 남아 있는 술집 향해 나선다

그리하여
또다시 맞이하는 새벽 귀갓길

회귀, 수원

오냐
돌아와 보니

또 그 자리구나

종로 네거리 단칸방
이번 생애도
술 취해

자고 있구나

나 말구 너
같은 나

수원 포교당 앞에서

이 봄날
할 일도 없는데

무심한 저 수원천 보며

술 취한 부처나 될까?

능수 벚꽃 펄펄 날리는
나른한 오후

수원천 봄 까치 꽃

아이야
너
키 크거든

나한테 시집와라

수원천 새우젓 배 들어오는 날
팔달산 팔리는 날

네 얼굴
함박꽃만큼 커지는 그 봄날

봄비
– 연화장에서

저 보아라
우러러 고개 드는 나무들
연초록의 풀잎들
하늘의 생각 하나만으로도
저리 충만하지 않느냐
바람결을 따라 이리저리 손 흔들며
고맙습니다 고맙습니다
소리가 들린다
뒤돌아보지 않고 저승으로
오직 저승으로 허청허청 가는 사람
생각도 보인다
그의 등 뒤에
사족처럼 붙은
봄비

혼자 늦은 아침상을 차리며

먼저 간 이웃
잠시 머물고 있는 이의동 연화장
문상하려고
머리 감고
혼자 아침상 차리는 넉넉한 시간

그러니까
머리칼을 말린다는 것은
내가 버리는 물기를
수건이 대신 품어 안는다는 것인데

그리고
늦은 아침밥 한 끼에도
저 깊은 바다 수초 사이
전 생애를 걸고 몰려다니던 멸치와
지난해 늦가을 햇살 한 점 아쉬워하던 배추와
내 어머니 평생처럼 힘들었던
삼복더위 속 땀띠로 맺힌 고추

이런 것들이 섞여 있다는 것인데

불혹 환갑 진갑 모두 지나
참 빠르게 다가오는 저승도
게 있다는 것인데

그걸 이제야 알아차리는
술 덜 깬 화상 하나

민들레꽃

어쨌거나
미명(未明)입니다

아내를 데리고 수원역으로 가는
길옆 아스팔트 틈으로
노란 민들레꽃만
또렷하게 피어있습니다

이른 새벽
하늘 찢으며
전투기 몇 대 어디론가 날아가고 있습니다

아직도 미명입니다

외상

돈 없으면
집에 가야지

무슨 집?
종로 딱 한 잔 집

오늘 이 집도
10시에 문 닫았다

저승의 엄마
거기 술 좀 남았수?

그날, 병점역에서

바람 앞세우고
비 온다

오늘 다시 돌아갈 너는 없다

막차가 들어오고
사람들은 집으로 헤어졌다
너 혼자 남았다

술집도 문 닫은 새벽
담배꽁초와 빈 소주병, 살 부러진 우산
그 가운데 너

오늘 밤
빗소리는 몽땅 너의 것이다
이것밖에 없으니 눈물 나도록 반갑겠다

새벽 밝아 오지만

젖은 너의 혼백
흐르고 흘러
세월보다 빠르게 황구지천 지나
바다에 닿는다

지랄하지 마라
오늘은 잠들어라 생각아

다시, 병점역에서

전철 출발한 뒤
택시 지나가고
노숙자 하나 기웃거리며 서 있고

위아래 없이
기차 통과하고 쯧
나 취하고 쯧

입술 빨갛게 칠한 어린 여자아이
편의점 들어가다 술 토하고 넘어지고

이성은 내가 잃었는데
일찍 핀
편의점 앞 노란 민들레꽃

기교 없이
산
또다시 산

너머 하루 거거고산

세월은 안보였다 또 보이고
60 너머
비 오니 또 오늘이고

비바람은 쓰레기 몰고 철길 쪽으로 가고
나 두더지처럼 남의 집 지하로 돌아가고
거기서 잠들 무렵에야
생각나는 남의 우주 쫏

또 병점역

막걸리 한 병
새우깡 한 봉지
사갖고 가는 자네 뒷모습
그 한숨이
삼박사일은 내 맘속 박혀 있을 듯한데

불러 한잔 같이하고 싶었는데
내 걸음보다 빠르게
골목 사이 모습 감추데

상행선 마지막 전철도
방금 떠나가데

나도 지금 절정고수의 꿈
멀어지고

지하 월세방으로 스며들다가
〈

멈춰서
그냥
빗소리 듣네

시제불필요(詩題不必要) 7

"임신한 것이 아닙니다"
수원역 앞 지하도 입구에서
간암으로 팔달산만 한 배를 끌어안고
앉아 있는 그 여인을 봤을 때
거짓말처럼 나도 외로웠다

살 가망 같은 건 아예 바라지도 않는다는
"그저 하루 치의 고통을 면할 모르핀 살 수 있을 만큼만 도와주세요"
팻말 앞에 두고
감은 그녀의 눈가에 말라붙은
이 화창한 봄 주말

"죽어서도 잊지 않겠습니다"
그러나 민속촌으로 떠나는 행복한 이웃들은
버러지 본 듯
저만치 비껴가며 고개 돌렸다
〈

벌써 일 년도 더 되어
이제는 세상에 없을 그 여인을
오늘 수원역 지하도 앞에서 기억해 내지만
술이 취하지 않은 나는
거짓말처럼
하나도 외롭지 않았다

시제불필요(詩題不必要) 8

그날도 할 일 없어 빈둥대다가
소주 한 병 안주머니에 찔러 넣고
팔달산 양지바른 바위 밑에 앉아
자, 자네 한잔 또 나 한잔 혼자 다 마셔버리고
거나한 김에 무슨 놈의 평화조 비둘기를 보겠다고
강감찬 장군 동상 옆 비둘기 아파트에 앞에 이르렀을 때인데요
제 깐에도 민망스러웠는지 많이 짧아진
장군님의 말 아랫도리에 달려 있는
거시기를 바라보며 혼자 웃고 있었는데요
"저 사람이 네 아빠란다"
한눈에도 그 직업을 가졌을 듯한
거기서도 한물갔을 여인 하나
잔주름 많은 눈 한번 깜박거리지 않고
부스럼투성이 너덧 살 아이에게
껌 씹는 소리로 내뱉었는데요
다 안다는 듯 배시시 웃는 아이 더러운 볼이 그렇게 이뻐 보여서

"그래, 내 네 아빠다" 한마디 했을 뿐인데요
하늘에 맹세코 정말 그 한마디만 했을 뿐인데요
"병신 꼴 값하네"
다시 껌 씹는 소리…
산을 내려오면서
삐쭉삐쭉 눈물이 나오다 웃음 나오더라구요

시제불필요(詩題不必要) 9

영철이 엄마 서데레사를 본 적이 없는데
그날 아침 그녀를 싣고 고등동 성당에 온
'낙천사(樂天社)' 버스를 봤을 뿐인데

이제쯤 어느 산이나 들판 흙무더기 속에서
썩어 가고 있을 서른 살의 그녀를
오늘 비 내리는 출근길 성당 앞에서
잠시 생각했을 뿐인데

오오 이상해라
세상이 이처럼 낯설다니
죽음마저도 벅찬 자유로 느껴지다니

가을 1

고등동 터미널 근처
전봇대에 기대어
술을 토하고 있는데

도와줄까?
바람이 어깨를 짚고 지나며 말했다
거절해
그 바람에 실려 온 은행잎
귓전에 잠시 머물면서
노오란 목소리로 속삭인 다음
힘없이 오물 위로 떨어졌다

다시 술집으로 돌아가면서
마르지 않은 눈물 통해
천지 가득한 햇살을 보다가

그냥
목이 메었다

가을 2

인적 드문 지동 골목길
그 끝쯤에 붙은 구멍가게

지나다 보면
주인인 듯싶은 젊은 사내
평상 위에서
혼자 술을 마시고 있다

그의 둘레에
서성거리다 내려앉는 미루나무 잎들

지나다 보면
이런 것들이
세상사보다 더 진한
그리움으로 남는가

4월
– 매산동 골목에서

지금
내 앞에 있는
조 수다스러운 입들이

껌처럼 자꾸 씹어내는
자잘한 얘기들로 해서
나는 이곳을 떠날 수가 없구나

햇빛 참 좋은 날의
골목 안, 최씨네 양철 담장 곁
쓰레기통에

꼬마들이 던져 넣고 간
라일락 꽃가지

그날 수영리 저녁

막걸리 한잔으론 정 없단 소리 들어
게 아무도 없는거여
봉당 지나 들려오던
저 말씀 '피보다 더 진한 술' 한 되 더 청하셨다

건너편 산영(山影)까지 술잔에 잠겨 들고
노을이 길 그 너머
숲을 온통 태웠었다
잠이 든 당신 혼까지도 태울 것만 같았다

■ 해설

해자화두(解字話頭) 속의 절제미, 깨달음의 세계

■□ 해설

해자화두(解字話頭) 속의 절제미, 깨달음의 세계

김광기(시인, 문학과사람 발행인)

　김우영 시인은 무엇이든 일찍 시작한 사람이다. 문단에도 일찍 나왔고 결혼도 다른 사람들보다 일찍 한 경우에 속한다. 고등학교에 다닐 때부터 〈야생초〉라는 시 동인 활동을 하다가 〈시림〉이라는 전국 동인을 조직하여 주재하며 본격적인 문단 활동을 하기 시작하였다. 그러다가 고교 재학 중 첫 시집 『당신이 외치는 문』을 발간하고 『월간문학』 신인상에 입선한 후 1978년 신인상에 당선되어 약관의 나이에 문단에 나오게 되었다. 이렇게 문단에 나오는 일이 한국 문단에서도 극히 드문 일일 정도로 대단한 일이었지만 당시만 해도 문예지가 몇 개 되지 않는 상황이라서 신인상을 받으며 문단에 나오는 것조차 주요 일간지에 날 정도였다. 그리고 얼마 뒤에는 『시조문학』에 시조 추천을 받기도 했다. 이렇게 화려하게 문단 활동을 시작한 것이 계기가 되어 자연스럽게 신문사에 들어가게 되었고 그렇게 평생을 언론사에서 몸담으며 생활하게 되었다.

  신문사에서 기자로 근무하며 시를 쓰고 시집을 출간하는 등 적극적인 문단 활동을 하는 것은 물론 지역사회에서도 『수원시사』를 집필하는 등의 많은 활동을 하며 애향심을 키우고 있었다. 특히 그중에서도 자주 만나던 수원 예술인들의 의견을 모아 〈화성연구회〉를 조직하고 사단법인으로까지 발족하여 20여 년이 넘게 애정을 쏟은 것이 대표적인 일이었다. 하지만 이것은 그가 사람을 좋아하고 술을 좋아한 결과인지도 모른다. 날마다 수원 남문이나 북문 어디쯤 수원 예술인들이 많이 모이는 장소에서 막걸리를 나누며 수원 얘기를 하다가 이뤄낸 결과물 같은 것이기 때문이다.

  대부분의 자리에 나도 끼어 있는 경우가 많았다. 그럴 때마다 그는 좌중의 이목을 받으며 분위기를 늘 주도하고 있었다. 그가 많이 쓰는 말 몇 가지가 있는데 대표적인 것이 좌중의 의견을 모으는 "그런데 말이야." "그럼, 이렇게 하자."는 말투였다. 사람들은 그의 말을 따르는 경우가 많았고 그렇게 좌중의 의견은 많은 결과물들을 만들어 냈다. 그것이 사소한 개인적인 일이든 지역사회를 위하는 큰일이든 그는 항상 진지하게 모두를 위해 일을 결정하고 수행하며 앞장서는 데 조금도 꺼려하지 않았다. 그리고 그것이 자신을 위해 결정되는 것을 절대 용납하지 않는 고집이 있었다. 그렇다 보니 대부분의 결정은 다른 사람들이나 지역사회를 위한 것이었고 그래서 그런지 그의 주변에는 사람이 끊이지 않았다. 또 그래서 날마다 술을 마시게 되는 계기가 되는 것 같기도 했다.

그러면서도 그의 손에는 책이 떠나지를 않았다. 고전 철학서 한 권쯤은 늘 지니고 다니면서 탐독하고 가끔은 주위 사람들에게 자신이 읽고 있는 책의 내용과 느낌에 대해서 말하고 있었다. 그 와중에 그의 문학도 풀어져 나왔고 그의 시도 늘 그렇게 완성되고 있는 듯했다. 한 마디로 그는 시를 쓰는 사람이 아니라 시처럼 사는 사람이었다. 그래서 그런지 그의 시에는 형식이 없고 시를 쓰는 것에 어떤 맺힘도 없는 듯하였다. 물 흐르듯이 자연스럽게 고여있는 것이 그의 시 특징이랄 수도 있는데 자신이 쓴 시를 잘 모아두지도 않는 것 같았다.

시작(詩作) 활동을 한지 50여 년이 다 되어 가는데 이제 겨우 네 번째 시집을 묶고 있다. 그것도 마지막 시집을 낸 지가 20여 년이 넘었는데 한 권 묶어야 하지 않겠느냐고 볼 때마다 졸라서 겨우 작업을 진행하고 있다. "종이가 아깝다." "나무에게 미안하다." 등의 말로 한사코 거부하다가 "그럼, 수원시에 관한 것들만 모아서 한번 내 볼까." 하는 마음으로 이 작업을 하고 있는 것이다. 그럼 그가 근근이 모아준 시들 중에서 몇 편을 골라 살펴보기로 한다.

    본래는 전생의 기억조차 없었던

무형체인 내가
알음알이로 이 면목의 형체를 지어

꽤 오랜 날 살아왔으니
이제 그 잡스러운 물건 가득한
마음 좀 텅 비우고

주어 목적어
수시로 형상 짓지 말 것이며
바람이나 빗방울, 구름에 순응할 것이며…

내가 보고 들은 것은
이것이 전부
남김없이
다 토해내 텅 비었으니
다시 막걸리나 한잔하세

- 「공심돈(空心墩) 앞에서」 전문

  공심돈(空心墩)은 공심돈이란 글자의 뜻대로 하면 속이 빈 돈대라는 뜻으로 우리나라에서 유일하게 수원 화성(華城)에서만 볼 수 있는 구조물이다. 돈(墩)은 적이나 주위의 동정을 살피는 망루와 같은 곳으로 적의 공격 시 방어시설로 활용하는 곳이다. 위의 시「공심돈(空心墩) 앞에서」의 화자는 비어 있는 공간에 주목하고 있다. 공격적으로 살지는 못하더라도 생을 적극적으로 활용하지 못하고 방어적으로만 살아오다가 이제 마음마저도 텅 비워둔 화자의 심상이 공심돈처럼 드러나 있다. 하지만 쓸쓸함보다는 초연함이 보이고 공허함보다는 무상(無常) 무위(無爲) 무념(無念)과 같은 철학적 과정을 녹여낸 삶의 의지 가득한 결연한 기운이 감지되고 있다.

   조락(凋落)의 햇살
   나뭇가지를 흔들었다
   광교산 자락 오래된 절터
   상수리나무 밑에 앉아 있는데
   바람 속에서
   산이 무자화두(無字話頭)를 던졌다
   나무가 잘 물든 나뭇잎 몇 개를
   떨어트렸다
   아무것도 아니라는 듯
   자기들끼리 소리 내며 흐르던 물이
   나뭇잎을 데리고
   더 낮은 곳으로 흘러갔다

   -「산음(山吟)」전문

산음(山吟)은 산(山)을 읊는다는 것인데, 화자는 산과 같이 스스로 무자화두(無字話頭)를 던져 산과 하나가 되는 듯하다. 물심일여(物心一如)로 산을 읊는 것이 스스로 자신을 읊는 것이라 하겠다. 그것은 화자가 산이 되고자 하는 것이며 산이 되어 산처럼 굳건하게 하고자 하는 것으로 보인다. 하지만 그것은 "조락(凋落)의 햇살/ 나뭇가지를 흔"드는 것처럼 상승하는 기운이 아닌 하락의 기세로 스스로 머물겠다는 의지이다. "나뭇잎을 데리고/ 더 낮은 곳으로 흘러" 가겠다는 무념무상인 자연의 흐름에 따르겠다는 것이다. 그래도 화자에게는 무자(無字)이지만 화두(話頭)가 있다. 공(空)이라는 것에는 아무것도 없는 것이 아니라 '비어 있다'는 '있음'이 있듯 아무 뜻도 없는 무자(無字)에는 이루 말할 수 없는 어마어마한 질량의 무게가 담겨 있음을 뜻하기도 한다. 그런 화두(話頭)를 갖고 있다는 것이다. 깨달음을 얻기 위한 화자의 사유 세계의 폭을 잘 가늠하기 어려울 듯하다. 이러한 무자화두(無字話頭)는 조주종심(趙州從諗, 778~897) 스님의 화두로도 유명하다. 이 화두를 바탕으로 한 「산음(山吟)」의 깊은 울림을 생각하게 된다.

    산에 드니
    산이 보이지 않았다

삶이여
자네도 혹시 이럴 것인가

사랑
그대 역시

품에 드는 날
자취를 감추고 말 것인가

만유(萬有)가 내 안에 들어
천지 그윽하던 날
산속에서 산이 걸어 나왔다

－「적멸(寂滅)-광교산에서」 전문

  광교산은 김우영 시인의 시에 자주 등장하고 있다. 광교산의 원래 이름은 광악산이었다고 하는데 고려 태조 왕건에 의해 광교산으로 바뀌었다고 한다. 왕건이 후백제의 견훤을 정벌하고 돌아가는 길에 광악산 행궁에 머물면서 군사들의 노고를 치하하고 있었는데, 이 산에서 광채가 하늘로 솟아오르는 광경을 보았다고 한다. 그래서 부처님의 가르침을 주는 산이라 하여 산 이름을 친히 '광교(光

敎)'라고 하였다는 기록이 있다. 또 80년대 후반 경기도에서 발간한 지명유래집에는 "아주 먼 옛날 수도를 많이 한 도사가 이 산에 머무르면서 제자들을 올바르게 가르쳐 후세에 빛이 되었다고 해서 광교산이라 하였다"고 나와 있기도 하다. 광교산에는 창성사(彰聖寺)를 비롯해서 암자가 89개나 있었다고 해서 명산으로 알려져 있다. 이러한 광교산을 김우영 시인은 자주 오르고 있다. 등산 삼아 오르고 있는 줄만 알았는데 그의 시를 들여다보면 본시 산을 좋아하고 그 속에서 도를 닦듯 산의 정취를 느끼며 자신을 들여다본 것 같다는 생각이 든다. 그의 평소 옷차림 대부분도 등산복 차림이기도 하다. "만유(萬有)가 내 안에 들어/ 천지 그윽하던 날/ 산속에서 산이 걸어 나왔다"는 말처럼 산속에서 수도를 마친 그가 걸어 나오고 있는 모습이 보인다.

다음으로 이어지는 또 다른 광교산의 시를 읽어보며 그와 함께 명상에 잠겨보는 것도 좋을 듯하다.

> 60 나이 가까이/ 산 그림자/ 물빛/ 풀벌레 소리/ 제대로 보고 듣지 못한/ 청맹(青盲)의 사내// 돌부처 지고/ 터벅터벅 산길 내려간다/ 밤새 걸어/ 다시 절터로 올라간다// 그래 오늘은 여법(如法)하다/ 해지는 영마루/ 해 뜨는 것을 보니 -「광교, 여법(如法)하다」전문

저 보아라
우러러 고개 드는 나무들
연초록의 풀잎들
하늘의 생각 하나만으로도
저리 충만하지 않느냐
바람결을 따라 이리저리 손 흔들며
고맙습니다 고맙습니다
소리가 들린다
뒤돌아보지 않고 저승으로
오직 저승으로 허청허청 가는 사람
생각도 보인다
그의 등 뒤에
사족처럼 붙은
봄비

─「봄비─연화장에서」 전문

연화장은 수원시에서 숲속에 설립한 장례식장이다. 이곳에서 화자는 누군가를 보내며 저승으로 떠나는 망자를 배웅하고 있다. 하늘의 순명에 따라 길을 떠나는 망자의 모습이 "바람결을 따라 이리저리 손 흔들며/ 고맙습니다 고맙습니다" 하며 떠나는 듯 이승의 삶에 감사하고 있다. 한(恨)을 남기지 않고 떠나는 모습, "뒤돌아보지 않고 저승으로/ 오직 저승으로 허청허청 가는 사람"의 모습은 망자의 모습이라기보다 화자의 미래지향적 모습이 아닌가 한다. 어떤 생각 하나조차 남기지 않고 저승으로 가듯 이승을 살아낸다면 얼마나 순결하고 아름다운 삶이 되겠는가. 그렇게 이승을 가꾸어야 한다는 삶의 의지가 비치고 있다. 그 뒤에 "사족처럼 붙은/ 봄비"가 그 삶의 의미를 기록해 줄 것만 같다.

> 성 밖 새술막거리에서
> 작부 앉히고 진탕 놀다
>
> 흥얼흥얼 노래하며 텅 빈 골목길에 방뇨하고
> 큰길 나와 바라본 팔달산 서장대 위로
> 오호 달 떠 올랐구나
>
> 달빛
> 성벽 타고 장안문까지 감싸 안으며
> 깊고 푸른 해자 만들었다
> 헤엄칠 수 없고
> 뱃사공 불러 노 저을 수도 없던 그 물줄기
>
> 달빛에 막혀 집에 돌아가지 못했다

— 「장안문에서 달빛에 막혀」 전문

위의 시 「장안문에서 달빛에 막혀」는 『장안문 달빛에 막혀 집에 가지 못했다』는 시집의 표제시이기도 하다. 이 시는 사람을 좋아하고 술을 좋아하는 김우영 시인의 평상적인 모습이 잘 드러난 시로 보인다. 굳어짐이 없고 막힘이 없는 김우영 시인이 생각하는 "작부"는 이 세상 삶에 찌들어 사는 현대인들의 모습일 것이다. 흥얼흥얼 달구경을 하다가 "성벽 타고 장안문까지 감싸 안으며/ 깊고 푸른 해자"까지 만든다. 해자는 성 주위에 둘러 판 못을 말하는 것으로 "헤엄칠 수 없고/ 뱃사공 불러 노 저을 수도 없던 그 물줄기"가 있는 곳이다. 마음대로 휘젓지도 못하고 시원하게 뻗어 나가지 못하는 그 답답함을 대변하는 듯한 "달빛에 막혀 집에 돌아가지 못했다" 한다. 여기서 김우영 시인은 무자화두(無字話頭) 대신 '풀다' '벗다' '깨닫다'를 뜻하는 해자화두(解字話頭)를 제시하는 듯하다.

그는 술을 마시다가 취하면 공원에서 잠을 자거나 길바닥 아무 데서나 잠을 자기도 하는데 2, 30여 년 전 나도 그에게 새벽에 불려 나가 술을 먹다가 남문 도로변 길바닥에서 신발까지 잘 벗어놓고 사이좋게 누워서 아침까지 곤하게 잠을 잤던 적이 있었다. 길바닥에서 다른 사람과 함께 잔다는 것이 나에게도 참으로 잊을 수 없는 일이었는데 그의 시를 읽다 보니 "큰노미" "자근노미" 할 것 없이 김우영 시인에게는 많은 "노미"들과 함께 길바닥이나 공원에서 잠을 자는 일이 다반사였던 모양이다. 이 시의 종연 "달빛에 막혀 집에 돌아가지 못했다" 그 이후의 일이 다른 세상의 시작이기도 한 것이다.

그의 지난번 시집 출판기념회 때 그의 시 세계에 대해서 간략하게 말하는 시간이 있었다. 그때 나는 "철학이 끝난 곳에서 시가 시작된다"며 어떤 사상이나 형식, 그리고 기교에 얽매임 없이 자유자재로 구사되는 시라고 했었는데 지금도 그 생각에는 조금도 변함이 없다. 다만 그는 스스로 무자화두(無字話頭) 해자화두(解字話頭) 또는 천하를 사유하는 해자화두(垓字話頭)를 던지며 끊임없는 참선을 하고 있다는 것을 알게 되었다. 그 끝에 나오는 시의 절제미가 있고, 그 시 속에 사람의 향기가 있고, 그 세계 속에 깨달음이 있다.

■ 부록

제간 《한국시학》 「이 계절의 시인」 대담

■□ **만나고 싶었습니다** - 대담 / 한국시학 편집주간 임애월

산에 드니 산이 보이지 않았다

김 우 영 시인

  강추위도 누그러진 무술년 2월 어느 날, 수원시의 중앙에 위치한 팔달산 자락에서 김우영 시인을 기다렸다.
  그의 상징과도 같은 흰 머리카락을 슬쩍 가린 챙이 넓은 검은 모자가 먼저 산을 올라 왔다. 시인의 큰 키와 휘적거리는 걸음걸이가 화성성곽과 왠지 잘 어울린다는 느낌이 들었다.

  임애월 : 김우영 선생님, 안녕하세요? 참 오랜만이십니다. 같은 '지역구'인데… 뵙기가 쉽지 않아서요.(웃음)
  김우영 : 이 '잘난 사람'을 이웃으로 둔 임 주간님 잘못이에요. 하하. 잘난 사람이란 건 하찮은 사람의 역설이란 건 아시죠? 옛날에 문덕수 선생이 나한테 그러시더라고요. 사람이 왜 그렇게 '암되냐'라고요. 제 생각에 암수의 개념으로 숫놈처럼 활발하게 나대지 않고 가만히 있느냐는 뜻인 것 같은데, 좀 자주 찾아오고 만나자는 말씀이었던 것

같아요. 근데 어쩌겠어요. 제 천성이 남 앞에 나서는 거 싫어하고 귀찮은 건 질색인데요. 아, 그렇다고 임 선생이 귀찮다는 건 절대 아니고요... 흐흐흐.

 그런 저런 이유로 문학단체엔 나가질 않고 있습니다. 가뭄에 콩 나듯 한국경기시인협회 행사에 얼굴 비추는 것만 빼고요.

임애월 : 아이구~ 감사합니다. '가뭄에 콩 나듯'이라도 나와 주셔서요. 지난겨울 강추위 속에서 어떻게 지내셨는지 근황 좀 알려주세요.

김우영 : 제가 지난 연말로 정년퇴직을 했습니다. 이제 정치 참여도 할 수 있는 신분이 된 것이지요. 그렇다고 어디 출마하겠다는 건 아니고. 아무튼 자유로운 영혼이 되고 싶었는데 이제 한 걸음 더 가까워진 거죠. 문제는 수입이 대폭 줄어들었다는 건데, 세상에서 모든 걸 다 가질 수는 없잖아요? 만족합니다. 그런데 한가하지는 않네요. 이런 저런 원고를 쓰는데 시간을 많이 빼앗겨서요.

 지방신문에 매일 사설 한 꼭지씩 쓰고, 일주일에 두 번 원고지로 따지면 16~18매쯤 되는 수원관련 칼럼을 연재하고 있어요. 또 한 달에 한번 월간지에 수원의 핫 플레이스를 소개하는 글도 쓰고요.

임애월 : 능력 있는 분들은 한가하게 놔두지를 않나봅니다. 화성성곽을 돌아 이렇게 팔달산 정상에 오르니 사방으로 시야가 탁 트여서 수원 시내가 환하게 보이네요. 화

성연구회 회원이시라 수원화성에 대한 생각도 남다르실 텐데요. 수원 사랑에 관련된 노래도 여러 곡 작사하셨고 공무원교육원 등에서 수원·화성에 대한 강의도 자주 하셨다고 들었어요.

김우영 : 21년 전 창립할 때부터 사단법인 〈화성연구회〉에 참여하고 있어요. 지금은 상임이사를 맡고 있고요. 수원화성은 중학교 때부터 관심이 많았었는데 연구회 활동을 하면서 본격적으로 연구를 하게 된 거죠.

임애월 : 〈화성연구회〉에 대해 잠깐 소개 좀 해주시죠.

김우영 : '화성에 미친 사람'들이 모인 단체가 화성연구회예요. 이 사람들을 만나고 싶으면 비가 오나 눈이 오나 막론하고 화성을 걸으면 돼요. 화성행궁에 가도 되고요. 뭐, 항상 끝마무리는 막걸리랍니다.

그래서 어느 단체보다 사람들의 관계가 따뜻하고 끈끈해요. 구성원도 다양한데 역사 학자, 언론인, 교수, 교사, 관련 공직자, 고건축을 포함한 건축전문가, 정조시대 무예연구가와 일반시민들도 있고요. 나와 몇 사람 **빼놓고는** 모두 박사나 무슨 '사' 가' 자가 들어간 분들이라고 생각하시면 돼요. 아, 나는 '인' 자가 들어가는구나. 하하하.

임애월 : 모두 좋아서 스스로 참여하는 일이고 보니 회원들끼리 더 끈끈하게 뭉치시나 봅니다.

김우영 : 그렇지요. 그렇게 활동을 하다 보니 수원사랑이 더 깊어지고 1990년부터 「수원사랑의 노래」를 비롯한

몇 편의 노랫말을 짓게 됐어요. 「수원사랑의 노래」는 심재덕 시장 재임 7년간 수원시청 공무원 월례조회 때나 신년회 때마다 불려지기도 했답니다. 수원시립교향악단과 합창단이 초연한 「수원판타지」 노랫말도 만들었고, 2002년 월드컵 땐 「저 작은 공 하나가」란 노랫말도 만들어 유명한 가수가 부르기도 했었죠. 월드컵 행사만 하면 그 노래를 틀어주곤 했던 기억이 납니다.

임애월 : 아하, 대단한 수원 사랑이십니다. 수원과 수원화성에 대한 애정이 남다르시니 여기저기서 수원화성에 대한 강의 요청을 받는 건 당연하셨겠네요.

김우영 : 파장동 공무원교육원에서도 한 1년간 현장 위주의 강의를 했었는데 강의료는 연구회 회원들을 불러 마시느라 술값으로 모두 날아갔지요.(웃음) 그렇게 퍼마시고는 화성성벽 아래에 누웠다가 아침을 맞은 적도 있습니다. 화성으로 박사학위를 받은 이달호 선생과 함께 눈을 떠보니 아침이었어요. 수원천에서 세수를 하고 출근했던 그 여름의 기억이 생생해요. 어이구.

임애월 : 저런... 참말로 김우영 선생님답습니다.(웃음)

거기서 사람들이

걸어 나와 손을 잡는다

성(城)을 쌓는다

마을을 이루고 삶이 시작된다

거기서 소리가
흘러나온다
어깨를 끌어안고 노래 부른다
오, 경계(境界)가 사라진다

여기에서 그 소리 다시 듣는다
너
나
우리 있음으로
그 소리 우리에게 다시 온다
오늘 새로운 성이 쌓인다
경계 허물어지고
자유의 성이 쌓인다.

−「오늘 새로운 城이 쌓인다」 전문

'성(城)을 쌓고' 나서 비로소 거기서 '삶이 시작되'는군요. 성은 기대어 쉴 수 있는 안식처이면서 외세의 침략에 미리 대비하는 방어 공간이기도 하죠.

수원은 정조대왕이 계획한 도시라고 들었어요. 수원화성의 특징이랄까요? 다른 성들과는 어떤 점이 다른가요? 수원화성만이 지니고 있는 특별한 것들을 알려주세요.

김우영 : 뭐, 이건 인터넷에서 검색하면 다 나오는 거니까 간단하게 말씀드리지요.

유네스코 세계문화유산인 수원화성은 다산 정약용이 동서양의 기술서를 참고하여 만든 '성설'을, 정조대왕이 '성화주략'(1793년)이라는 이름으로 발행한 책을 지침서로 하여 축성됐습니다. 채제공의 총괄 아래 조심태의 지휘로 1794년 1월에 착공에 들어가 1796년 9월에 완공되었습니다.

화성은 보시다시피 참 아름다운 성입니다. 화홍문과 방화수류정, 화서문과 서북공심돈 그리고 우리가 현재 있는 서북각루 같은 곳은 군사시설이라기보다는 경승지에 가까워요. 그러나 정조대왕은 그 아름다움도 적군에게 두려움을 주는 무기가 된다는 것을 알고 있었던 거예요.

임애월 : 네, 아름다운 무기(?)인 셈이군요. 공격 위주가 아닌 방어 위주라서 그런 느낌이 드는 건 아닐까 하는 생각도 듭니다만.

김우영 : 맞아요. 성이란 시설은 어차피 지키는 기능이 위주니까요. 당시 정치상황이니, 실학자 다산의 이야기 등 다 아는 얘기는 뺄게요. 다만 우리가 반드시 기억해야 할 것은, 이 화성에는 정조임금의 지극한 애민정신이 들어있다는 겁니다. 뭔 얘기냐 하면 축성 공사에 참여한 백성들에게 임금을 지급했거든요. 그 당시에는 축성 등 대규모 공사에 대부분 백성들이 강제로 동원되었었잖아요?

임애월 : 네, 그 시대에는 그게 어쩌면 당연시되었을 것 같은데요.

김우영 : 그런데 정조대왕은 화성 축성공사에 참여한 장인과 노무자들에게 노임을 지급한 거예요. 축성 공사를 기록한 '화성성역의궤'를 꼼꼼히 살펴본 적이 있는데 일반 노무자의 경우 하루에 2전 5푼을 지급했던 사실을 알 수 있었지요. 이것을 두 달(60일) 모으면 15냥이 되는데, 이는 당시 작은 마당이 딸린 5칸짜리 초가집을 살 수 있는 큰 돈이었지요. 당시의 물가 체계가 지금과 달랐다고 하더라도 고임금이 지급됐던 셈이지요?

임애월 : 네, 대단합니다. 역시 정조대왕은 시대를 앞서간 훌륭한 군주가 맞네요.

방향이 좀 다른 이야기입니다만 이 일대가 관광특구로 지정되었다는 소식을 들었어요. 정조대왕 능행차는 연례행사로 요즘 관광객들에게 대단한 인기를 누리고 있는데요. 수원화성을 보러 오실 분들을 위해… 관람 포인트를 어디에 두고 보면 좋은지 알려주세요.

김우영 : 국방과 효심, 백성을 위한 정치 개혁을 목적으로 축성된 수원화성의 한 가운데는 화성행궁이 자리 잡고 있지요. 화성이 화성행궁을 둘러싸 보호하고 있는 형세입니다. 실제로 화성행궁은 수원화성의 모태이자 성내의 중심시설이므로 마땅히 이곳부터 보시는 것이 순서라고 생각해요. 그 다음 행궁 뒤 팔달산 중턱 성신사, 아, 성신사는

정조의 명으로 지어진 성신을 모시는 사당인데요. 일제강점기 때 철거한 것을 화성연구회 회원들이 고유제를 지내며 복원(사실은 중건) 운동을 펼친 끝에 다시 세워졌죠.

  임애월 : 네, 〈화성연구회〉가 큰일을 하셨네요.

  김우영 : 그렇습니다. 다시 이야기를 이어갈게요. 성신사를 거쳐 팔달산 꼭대기 서장대에서 수원 구시가지와 화성 전경을 바라본 후 산 남쪽 끝에 있는 화양루를 거쳐 팔달문 쪽으로 내려와 시장을 지나 성의 동쪽구간을 보고 동장대-방화수류정과 화홍문-장안문-화서문과 서북공심돈-서북각루 순으로 보시면 좋을 듯합니다. 물론 '아는 만큼 보인다'고 했으니 사전에 충분히 공부를 하고 돌아본다면 더 좋겠지요. 화성전문가를 모시고 함께 돌아본다면 감동이 더 클 것으로 생각됩니다.

  임애월 : 말씀 감사합니다. 수원을 기억하시고 또 앞으로 방문하실 분들께 좋은 참고가 될 것 같습니다. 화성 성곽길에 서있다 보니 〈수원화성〉에 대한 이야기가 좀 길어졌네요.(웃음)

  이제 선생님의 등단 관련 이야기로 넘어갈까요. 중학교 때 윤동주 시인의 「서시」를 읽고 그에 홀려서 시인이 되고 싶었다는 글을 어디서 읽은 기억이 납니다.

  김우영 : 맞아요, 그 '홀린다'는 표현. 중학교 때 국어 선생님이 수업 첫 시간에 칠판에다 윤동주의 '하늘과 바람과 별과 시'를 냅다 쓰시곤 아무 말 없이 곧바로 지워버

리곤 수업에 들어갔어요. 그 시에 대한 수업이 아니었어요. 그런데 사춘기 소년이었던 내겐 엄청난 충격이었어요. '잎새에 이는 바람에도 괴로워했다'니... '오늘밤에도 별이 바람에 스치운다'니... 아아, 이거 단순한 언어의 연결이 아니고 뭔가가 있구나, 이게 뭐지?

임애월 : 겪어보지 못한 새로운 세계(?)에 대한 충격이었겠지요.

김우영 : 까까머리 소년에게 내린 시(詩의) 강신(降神)이었습니다. 그리고 미처 옮겨 적을 시간도 없었던 그 짧은 시간, 시를 모두 외워버렸지요. 그날 저녁 잠이 오지 않았어요. 며칠 후 돈이 없어 새 책을 살 엄두는 나지 않았으니 매향여중·고 잎 수원천변 헌책방을 뒤져 윤동주 시집을 구하려 했는데 구하지는 못하고 대신 내손엔 김소월의 시집이 쥐어지게 됐지요.

이 까까머리 소년에게 제2차 강신이 왔어요. 김소월의 '초혼'을 읽고 미치는 줄 알았습니다. 세상에 '산산히 부서진 이름이여... 부르다가 내가 죽을 이름이여... 붉은 해는 서산에 걸리었다... 떨어져 나가앉은 산위에서 나는 그대의 이름을 부르노라...' 하아, 이건 또 뭐냐. 어린 영혼을 모두 털어버린 윤동주와 김소월은 그래서 내게는 무당들이 신내림을 받을 때의 신아버지 같은 존재들이에요. 같은 시공(時空)이 아니어서 비록 한 번도 만난 일은 없지만... 그래서 한중 수교전인 1991년 중국에 갈 때 일부러 용정에 가서 고생고생 끝에 윤동주 묘소를 찾아 참배하기도 했지요.

임애월 : 네, 그 전율을 충분히 이해할 것 같습니다.

1970년대 고교생들의 로망이었던 잡지 〈학원〉에도 작품이 자주 실렸었다고 들었어요.

김우영 : 그랬었죠. 1970년대 〈학원〉이란 잡지에는 전국의 내로라하는 고등학교 학생문사들이 작품을 발표했고 그 친구들이 서로 연락을 주고받곤 했지요. 당시 박정만 시인이 거기에서 시를 선정하고 성의 있는 작품평을 해주곤 했는데 고3 때 '나무들이 쓰러지며'란 내 시에 대해 과한 칭찬을 해주셨습니다.

그 이후 그분과의 인연이 이어졌는데, '한수산 필화사건'으로 끌려가 가혹한 고문의 후유증으로 결국 세상을 떠나셨습니다. 야만적인 군사독재 정권이 한 천재 시인을 죽음에 몰아넣은 것이지요. 세상을 떠나기 한 달 전쯤엔가 서울에서 박정만 시인을 만났는데 이미 죽음의 그늘이 그를 덮고 있는 게 느껴지더라고요.

얘기가 좀 빗나갔는데 당시 학원지의 '학원문단'을 중심으로 활동하던 전국의 청년 문사들은 제주 오승철, 부산 최영철, 광주 김미구, 안동 김승종, 대전 최봉섭, 서울 문창갑, 그리고 수원의 나와 산문을 썼던 박민순 등이었어요. 나는 그 후 '학원문학상'도 받았으니 당시로서는 그들 사이에서 제일 잘 알려진 인물이었던 셈이네요. 물론 지금은 아니지만요.(웃음)

임애월 : 네, 지금 문단에서 문명을 날리고 계신 분들이 많네요. 고등학생 때(1975년) 첫 시집을 묶었다면서요?

김우영 : 『당신이 외치는 문』이란 책인데 지금은 내게도 한권 남아 있지 않답니다. 이사를 하도 많이 다녀서 그래요. 젊었을 때 이사하면 후배들이 와서 도와주곤 했는데 그, 때마다 책이 몇 뭉치씩은 사라져요. 다 읽고 돌려달라고 했는데 돌아온 것은 한권도 없었지요. 하하. 뭐 그땐 다 그랬어요. 책 도둑은 도둑이 아니라나 뭐라나... 그때 그 시집... 누구 가지고 계신 분 있으면 잠깐 빌려주시면 좋겠네요. 복사하고 돌려 드릴 테니.

임애월 : 와우~ 그 귀한 시집, 저도 꼭 한번 보고 싶네요. 혹시 모르죠, 이 글을 읽은 어느 분이 갖고 계신 걸 잠깐 빌려주실지...(웃음)

김우영 : 암튼 그 책을 안양에 계신 김대규 시인께도 보내드렸는데 재학 중이었던 수성고등학교로 전화를 하셨어요. 그분은 당시에 덕성여대인가 연세대인가 거기서 학생들을 가르치고 계셨는데 수업시간에 한번 와서 학생들에게 얘기를 해주라는 거였어요. 아까도 말했지만 남 앞에 나서는 거 싫어서 고사했더니 안양으로 오라는 거예요. 그래서 담임 선생님(시조시인 유선 선생님)의 허락을 받고 임병호 회장님과 함께 안양에 갔더니 허름했지만 안양의 문화예술인들의 명소였던, 지금으로 말하자면 실내포장마차에 안양 문화예술인들이 한 30명 쯤 앉아있었네요.

그분들이 나를 기다리고 있던 거랍니다. 수원에서 '천재시인'이 온다니 얼굴 좀 보자고 말입니다. 아이고 낯 부끄러워라. 뭐, 암튼 책가방 들고 교복 단정하게 입은 고등학교 3학년이었던 김우영. 그분들에게 모두 한 잔씩 받아 마시곤 대취했더랬습니다.(웃음)

임애월 : 저도 몇 작품들을 찾아서 읽어봤는데요. 정말 타고난 천재성이 보입니다. 대단하셨네요.

김우영 : 천재라니요. 당치도 않습니다. 아마 시의 신(神)이 실수로 잠시 접신했던 모양이지요.

임애월 : '접신'과 '천재'는 같은 레벨입니다. 하하

1978년 약관의 나이에 『월간문학』으로 등단하셔서 수원 문단의 전설이 되셨다고 들었는데 당시 분위기가 궁금합니다.

김우영 : 아이고, 제발 천재라느니, 전설이라느니 그런 말씀은 삼가주셨으면 합니다.

지금 잘 쓰고 계신 분들이 천재고 전설이지요.

제가 등단할 당시 수원엔 임병호 시인과 박석수 시인, 백도기 소설가, 오영일 소설가, 윤수천 아동문학가 등이 활발한 활동을 펼치고 있었어요. 그러다가 요 햇병아리 같은 스물 한 살짜리가 등단이랍시고 했으니 얼마나 대견했겠어요? 시인됐다는 그게 무슨 벼슬이라고... 암튼 기고만장했었답니다. 그리고 선배들이 사주는 술에 행복했어요. 그런데 정식 등단은 1978년이었지만 고등학교를 졸업하던

해 『월간문학』에 보낸 작품이 가작으로 입선되기도 했습니다. 그때 당선작이 없었나? 기억이 잘 안 나네요.

> 얼핏 등만 보이고 사라지는
> 세상의 모든 것들
> 지순(至純)한 은빛 날개를 털며
> 어느 날은 노을 근처, 서성이는
> 몇 마리 새를 보았다.
>
> 겨울 저녁
> 스산한 몇 자락의 바람이
> 전신을 스쳐지나
> 그대 고운 사랑 근처
> 더러는 하늘, 구름이나 흩어놓고 나면
> 어떤 내용으로
> 그대는 천천히 내게서 떠나가고 있는가.
> 눈 먼 자들의 긴 긴 잠 속에서
> 진홍으로 피어나는 꽃.
>
> 아아, 내밀한 가슴을 보이지만
> 관습이여 소스라쳐 돌아눕는
> 아픈 기억이여
> 오늘 우리의 주제는

시선 밖으로 달아나는 사랑과
꽃잎의 대위(對位).

눈이 내리고 있었다.

―「회귀사(回歸詞) 30」 전문 / 1978년 『월간문학』 당선작

임애월 : 이 시를 읽으면서 '스물한 살에 정신연령이 정말 원숙하셨구나'... 생각합니다.
두 번째 시집 『겨울 수영리』는 몇 년도에 상재하셨나요? 수영리는 선생님의 고향이신가요?
김우영 : 1989년입니다. 그때나 지금이나 생활력이 별 볼일 없는 인생이라 주변의 많은 분들이 도움을 주셔서 간신히 펴냈습니다.
아주 어렸을 때 첫돌 전인 것 같은데, 영등포 한강변 다리가 배경으로 보이는 사진이 한 장 있더라고요. 거기서 태어나 곧바로 수영리로 왔으니 수영리가 고향이지요. 선대들은 북한 평안북도 선천이고요.
임애월 : 네, 그러시군요. 김대규 시인은 그 시집의 작품 해설에서 '김우영 시인은 비, 눈물, 술, 강, 바다, 안개 등 물과 깊게 관련되는 水性分의 動因을 거느리고 있다' 그것들은 '직접적인 수성의 소재에서 착안된 것이지만, 그러한 즉물적인 제재들이 가난이나 현실적인 비애감으로 전이되

면서 다시 (물)의 원형적 상징질료인 여성성과 사랑, 성과 죽음의 본류로 자연스럽게 유입되고 있음에 유의된' 것이라고 했는데, 이후의 작품에서도 그 水性의 시어들이 자주 등장하거든요. 고향 '水營里'가 주는 '물'의 이미지가 아직도 작품의 배경으로 있는 스며있는 걸까요?

김우영 : 아마 누구나 그럴 거예요. 고향에 대한 추억은 각자 다르겠지만 결국은 그리움의 대상이겠죠. 그런데 제 고향 수영리는 이제 사라졌어요. 거대한 아파트 단지가 점령하고 있죠. 어렸을 때 초등학교 동창이지만 두 살 많은 이웃집 동창 원순이와 소꿉장난을 놀던 돼지우리 아래 언덕과, 청동기 창 같은 걸 주워 엿 바꿔 먹었던 야산은 이제 콘크리트 숲으로 바뀌었습니다. 가끔 술 취해서 그곳에 갈 때가 있는데 어디가 어딘지 모르게 참 많이 변했습니다.

수영리와 수성시(水性詩)의 연관성에 대해선 생각해 본 적이 없는데 어쩌면 그럴 지도 몰라요. 태생적으로 물과 연관돼 있거든요. 이름 좀 보세요. 우(禹)는 우나라 임금을 뜻하는데 정사는 안 돌보고 헤엄(泳)이나 치고 있으니... 거기다가 수영리가 고향이고, 노자의 상선약수(상선약수)를 지구상에서의 최고 진리로 알고 있으니 수성시가 되지 않을 수 없겠네요. 아 참 빼먹었네. 출신 고등학교 이름도 수성(水城)이고 사는 곳도 수원(水原)이구나. 거참 우연의 일치이긴 해도 그럴듯하네요.

바다와 그리 멀지 않고

산은 그저 고만고만한

여기에서 어느 날쯤

마른 풀잎을 밟고 서서 보면

한평생 저리 실하게 갖고 죽어갈 수 있던

수명이의 철 지난 노래를 들을 수 있다

태어날 때부터

서로 낯이 익은 우리들 중의 하나였던

그 사람

눈발 속에서 기침처럼 돋는 솔잎을 보며

나는 더 할 말이 없었다.

- 「겨울 수영리에서」 전문

임애월 : 작품의 분위기가 가슴을 참 먹먹하게 만드네요. 그래도 한겨울 속의 푸른 솔은 결국 거친 눈보라를 이겨내겠지요.

김우영 : 이 시는 군대 가기 전 그러니까 1976년도나 77년도쯤에 썼을 거예요. 이 시에 등장하는 수명이란 사람은 내 친구 수만이의 형입니다. 술을 좋아하고 가끔 남과 시비도 잘 붙는 그냥 평범한 사람인데 젊은 나이에 세상을 떠납니다. 수만이란 친구는 대학에서 운동권에 속해서 도피하다가 잡혀 옥살이도 했고... 그래서 동네사람들은 그

친구를 빨갱이니 뭐니 접근하지 않았고… 아마 많이 외롭고 힘들었을 겁니다. 내가 그 친구와 술 한 잔 하고 온 날 어느새 소식을 들었는지 우리 어머니가 절대로 가까이하지 말라고 하셔서 웃은 적이 있는데 실제로 그 시절은 죄를 지었건 안 지었건 끌려가면 고문당해 빨갱이가 되던 시절이었지요.

임애월 : 혼란스런 시대를 건너오면서 많은 분들이 고통을 받기도 했지요. 가슴 아픈 우리의 역사입니다.

올해가 선생님 등단 40주년이 되는 해잖아요. 수원문단에서는 사실 원로급이라고 해도 과언은 아닐 텐데요, 소회가 어떠신지요?

김우영 : 원로는 무슨… 등단 햇수는 그리 중요하지 않아요. '좋은 작품'을 '오래' 썼고 자연연령이 한 80은 돼야 원로라고 할 수 있지요. 물론 나이만 많다고 원로는 아니죠. 방금 전 얘기했듯이 좋은 작품을 오래 쓴 것이 중요합니다. 물론 인품이 훌륭하다면 더 바랄 것 없는 원로가 되겠지만요. 그러니 나 같은 경우는 이제 겨우 60을 넘어섰고, 작품도 훌륭하지 않고, 지속적으로 쓰지도 않았고, 인품도 최하층이니 원로란 말은 당치 않아요.

그건 그렇고 정말 등단 40년이 됐네요. 후배들을 위해 한 일도 없는데.

임애월 : 아무튼 1970년대 수원문단을 단단하게 만든 몇 분들 중의 한분인 건 맞습니다.(웃음)

2003년에 출간한 두 번째 시집에서 '詩에 인생을 걸고 싶은 생각이 없다... 시에 끌려 다니지도 않겠다'라고 하셨는데 아직도 그러신가요?

김우영 : 그래요. 시 뿐만 아니고 종교니 이념이니, 어떤 다른 것으로부터도 끌려 다니고 싶은 생각은 없어요.

임애월 : '시인'이라는 호칭마저도 버리겠다'라고 하셨는데 뭐가 그렇게 많이 무거우셨는지요?

김우영 : 버린다는 말은 앞세우지 않겠다는 뜻이에요. 완성을 시키지 않고 발표에 신경 쓰지 않아서 그렇지 쓰는 행위는 여전합니다. 여전히 제 서재 책상에는 취재수첩으로 사용하는 메모지가 항상 있고 시의 초고들이 콩나물처럼 물을 달라고 아우성을 치고 있지요. 그걸 바라보고 씩 웃는 재미도 꽤 괜찮아요.

그러니 무거워서 버리는 것이 아니라 무거워지지 않으려고 비우는 거지요. 내 작은 그릇에 넘치지 않게.

임애월 : 진짜 많은 것을 가진 사람들은 더 움켜쥐려고 야단인데, 버릴 것이 없는 분들이 자꾸만 비운다고 하니 참 묘한 기분이 듭니다.

김우영 : 하하하. 정곡을 꼭 찔러 치고 들어오시는구먼. 그래요 나 가난뱅이예요. 그러니 버릴 것 없어요. 그런데 보이지도 않는 내 마음과 오고감도 명확하지 않은 저 생각에서 비워야 할 것들은 여전히 보이더라고요.

임애월 : 저도 눈에 보이는 것을 두고 하는 말은 아니랍니다.

시인들은 등단 후에 대부분 치열하게 문학에, 시에 미쳐서(?) 사는 게 일반적인데 선생님께서는 아직도 '시가 스스로 내게 걸어와야'만 시를 쓰시나요? 혹시 자신의 게으름에 대한 변명은 아니신가요?(웃음)

김우영 : 앞에서도 고백했지만 난 시에 미쳐봤잖아요? 그러니 됐어요. 이제 그만 미쳐도 돼요. 그리고 굳이 오지 않겠다는 놈을 억지로 붙잡아 놓고 거기다 시라고 이름 붙여주면 모두 시가 되나요? 적어도 시인이라면 말년의 박정만 시인처럼 시가 분출해야 한다고 생각합니다. 말도 안 되는 단어를 억지로 끼워 맞춰 만든, 또는 이게 구호인지 설명문인지, 유행가 중에서도 저급한 수준의 가사와 같은 글들을 시라고 내놓기보다는 게으름 부리는 게 더 좋은 거 아닌가요?

솔직히 고백할게요. 시가 내게 걸어오기 위해서는 무협지에 나오는 절정이나, 현경의 경지는 돼야 하는데, 난 아직 멀었어요. 그 경지가 올 것 같지 않으니 일부러 한번 건방 떨고 배짱부려보는 거예요.

임애월 : 뭐 그 고집도 김우영 선생님답네요.(웃음) 선생님께서는 여행을 유독 자주 다니시는 걸로 알고 있는데요. 가장 기억에 남는 곳과 인상적이었던 곳은 어디인가요?

김우영 : 지난여름 인도네시아 족자카르타 지방의 세계문화유산 답사를 다닐 때 저녁 식사 자리에서 이런 건배사를 했어요. "여행은 낯선 것들과의 만남이고 가까워지는 과정이다"라고요.

노자는 '소국과민(小國寡民)'을 주장했어요. '그곳에서는 문명의 이기를 쓰지 않고 무기도 내버려지고, 배나 수레 같은 교통수단도 쓸 필요가 없다. 사람들은 안한(安閒)하게 자기 고장에서 살다가 자기 고장에서 조용히 죽는다' 이런 생활을 노자는 이상적인 나라라고 했지요. 항상 전쟁이 벌어지고 굶어죽는 일이 흔했던 당시엔 그랬겠지요. 낯선 군대, 낯선 권력자, 낯선 나라는 곧 생명의 위협처럼 인식될 때였으니까.

　그러나 난 우물 안 개구리로 안한(安閒)하게 살다가고 싶은 생각은 없어요. 다른 나라의 풍경이 궁금하고 그 사람들이 사는 방식과 생각을 알고 싶어요. 호기심이 많죠. 어릴 때부터 같은 길을 피하고 다른 길로 일부러 돌아다닌 것도 그 때문일 거예요.

　지금까지 다녀온 나라는 중국과 일본 각각 스물 대여섯 번에다가 러시아, 몽골, 미국, 캐나다, 멕시코, 오스트리아, 그리스, 이탈리아, 호주, 캄보디아, 인도네시아 등인데요, 가만 어디 빠진 곳 없나? 모두 만족한 여행이었습니다.

　가장 인상 깊었던 여행지는 지난해에 다녀온 실크로드와 몇 해 전 갔었던 러시아 연해주 빨치산스크 숲속과 독립운동 거점지, 몽골 초원 등이었어요. 지중해를 보며 양고기와 맛좋은 와인을 먹었던 기억도 새롭고요.

　임애월 : 정말 부럽네요. 몽골과 실크로드는 정말 저도 꼭 가보고 싶은 곳이랍니다.

낯선 곳으로의 여행은 막혀있던 시야를 틔워주기도 하고, 직접 체험을 통해 사고의 영역을 확장시켜 주기도 하지요. 물론 여행 후에는 시가 몇 편쯤 스스로 걸어 나오기도 했겠네요?

김우영 : 지난해 실크로드 여행 때엔 한 10여 편 썼는데 아직까지도 초고상태입니다. 제 놈들이 콩나물 대가리처럼 고개를 밀고 나올 때까지 둘 참입니다. 그리고 로마에 갔을 때도 한 열편 정도 써서 간간히 여기저기에 발표하기도 했어요.

잘 있거라
호텔 밖에서
새벽부터 울던 새야

투명한 바람이며
살며 고생 많았던
모든 우스들과 투스 놈들
기원전후의 시간들도
이젠 안녕

참 공손하게 손 벌리던 거지들과
늙어서 더 당당했던 성당, 옛 골목
거기 사는

이번 세상의 그대들도 반가웠다

　　그러므로
　　동행한 나의 생각도 이만 안녕.

　　　－「로마를 떠나며」 전문

　임애월 : 앞에서 잠깐 노자를 말씀하셨는데, 선생님의 작품들을 읽을 때마다 느끼는 건데요. 무위자연이나 상선약수... 등 노·장자의 이미지가 저절로 떠오르는데, 특히「山吟」, 「寂滅」 등의 작품은 무슨 고승의 선문답을 보는 것 같거든요. 젊었을 때부터 노·장자의 사상에 특별한 관심을 두고 계셨는지요?
　김우영 : 젊었을 때야 뭐 노자 장자가 눈에 들어오겠어요? 그저 그건 한번 읽어봐야겠다. 그래야 남들과 대화할 수 있겠다고 생각해 '교양도서'로 읽은 거지요. 근데 장자를 읽다가, 그 왜 유명한 '호접몽' 이야기 있잖아요. "지금의 나는 진정한 나인가? 아니면 나비가 꿈에서 내가 된 것인가? 내가 나비가 되는 꿈을 꾼 것인가? 나비가 내가 되는 꿈을 꾸고 있는 것인가?"
　문득 무릎을 쳤어요. 그래, 진리라고 여기는 것들, 이를테면 '나는 나다'라는 확신이 무너질 수 있겠구나, '지금 보이는, 생각하는 내가 허상일 수도 있겠구나'라는 알음알이가 시작된 거죠. 그러면서 반야심경을 다시 보기 시작했어요. 반야심경, 그렇잖아요? '그게' 들어올 듯 하다가 나가버리고 겨우 붙잡아 놓으면 또 사라지고… 허긴 산중에서 화두만 붙잡고 있는 선승들도 깨우치기 힘든 그것을 딴짓하느라 바쁜 내가 쉽게 얻을 수 있겠어요?
「적멸」처럼 산에 들어도 산이 보이지 않았던 것이죠.

산에 드니
산이 보이지 않았다

삶이여
자네도 혹 이럴 것인가

사랑
그대 역시

품에 드는 날
자취를 감추고 말 것인가

만유(萬有)가 내 안에 들어 천지(天地) 그윽하던 날
산 속에서 산이 걸어나왔다.

-「적멸」전문

임애월 : 김대규 선생님 말씀처럼 인간과 예술에 대한 천부적인 조숙함으로, 생각이 너무 앞서갔거나 아니면 정신세계가 너무 빨리 늙어(?)버린 게 아무래도 사실인 것 같습니다. 하하

김우영 : 아, 김대규 선생님이 무슨 예언가나 무당이에요?(웃음) 그런데 그 말씀대로 일찍 노화해 버린 건 맞는 것 같네요. 부정하진 않을게요.

임애월 : 신문사 재직 중에 노조운동으로 해직되기도 하셨고… 선생님의 과거가 파란만장했던 부분도 많이 보이거든요. 그래서 현실에 대한 실망(?)의 반동으로 현실도피적인 면이 문학작품에 스며든 게 아닐까 하는 의구심이 들기도 합니다.

김우영 : 과거 《중부일보》 문화체육부장 때 노조가 생겼어요. 젊은 후배기자들이 언론인으로서 자신들의 권리를 찾겠다는데 어떻게 모른 척 해요? 그래서 술값도 좀 내주고 어깨도 툭툭 쳐주고 했는데 윗선들이 그걸 아니꼽게 생각했다고 해요. 중국 연변 조선족 동포들의 생활을 취재해서 20일 만에 돌아온 다음날 해고 발령이 났더라고요.

그래서 직장을 잃은 백수들의 따뜻한 품, 광교산에 다녔지요. 분노를 가득 안고 말입니다. 어느 날 옛 절터 나무 밑에 앉았다가 문득 작은 깨달음 하나를 얻고 난 뒤 분노를 흐르는 물에다 나뭇잎과 함께 띄워버리고 무심해졌어요.

그때 쓴 시가 「산음(山吟)」입니다.

조락(凋落)의 햇살 나뭇가지를 흔들었다
광교산자락 오래된 절터
상수리나무 밑에 앉아 있는데
바람 속에서
산이 무자화두(無字話頭)를 던졌다
나무가 잘 물든 나뭇잎 몇 개를
떨어트렸다
아무것도 아니라는 듯
자기들끼리 소리 내며 흐르던 물이
나뭇잎을 데리고
더 낮은 곳으로 흘러갔다

–「산음(山吟)」 전문

 아래로 흘러내리지만, 태어나지도 않고 죽지도 않는 물. 그때 '무시무종(無始無終)'의 작은 깨달음을 얻고 마음이 편안해졌지요. 그때부터 광교산은 나에게 몸과 마음을 함께 닦는 수행처가 됐습니다. 그러니 내 시가 현실도피처라고 할 수는 없겠지요?
 임애월 : 아, 네... 작은 깨달음의 동기가, 실직이 가져다 준 절망이 그 토대가 되었을 수도 있었겠네요... 하하. 웃으면 안 되는 대목인데 웃어서 죄송합니다.

앞으로 '시에 끌려 다니지 않을 것'이라는 말씀이 혹시 변할 수도 있을까요?

김우영 : 절대로 없습니다. 안 쓰면 안 썼지…

임애월 : 정말 단호하시네요.

사실 자꾸 고사하셔서 이 자리에 모시기도 힘들었는데요. 겸손도 지나치면 오만하다는 소리를 듣는다고 합니다. 실제로 조금 그렇게 보이기도 하고요.(웃음)

김우영 : 그런가요? 그런데 오늘도 '대책 없는 떼쟁이' 임애월 주간이 아니었으면 응하지 않았을 겁니다. 임 주간의 밀어 붙이기는 내 능력으론 피할 수 없는 수준이니까요. 하하하

임애월 : 뭐 저는 떼쟁이가 되어도 괜찮습니다.

세 번째 시집 『부석사 가는 길』을 발간한 지 15년이 됐잖아요. 첫 시집 빼고 등단 이후 40년 동안 시집이 2권이면 과작하시는 시인이라 치더라도, 사실 게을러도 너무 게으르신(?) 거 아니세요? 아주 오래 전에, '김우영 시인은 천부적인 조숙함(인간적·예술적) 때문에 시인으로서의 앞날이 불안하다'는 그분의 말씀이 왠지 들어맞는 것 같네요.(웃음)

네 번째 시집은 언제쯤 만날 수 있을까요?

김우영 : 어쩌면 죽기 전에 딱 한번 쯤?

임애월 : 그건 여쭤보지 않은 걸로 하겠습니다.(웃음)

김우영 : 사실 아깐 별별 핑계를 댔지만 게으른 거 맞아

요. 근데 조급할 일이 없지 않아요? 앞으로 좀 더 게을러지려고요. 그동안 신문기자다, 시정 신문 주간이다, 바쁘게 살았더니 시간도 빨리 가버리더군요. 연세 많으신 분들께는 송구스러운 얘기지만 이제 내 의지대로 살날이 얼마나 되겠어요. 느릿느릿 살아 볼랍니다.

임애월 : 오늘도 바쁘실 텐데, 이렇게 시간 내 주셔서 정말 고맙습니다. 덕분에 김애자 시인님, 최영선 시인님과 수원화성 성곽도 부분적이긴 합니다만 함께 돌아보고… 참 좋네요. 이제 막걸리 한 사발 드시러 내려가시죠.

김우영 : 고맙습니다. 별 볼 일 없는 사람을 이렇게 찾아주셔서요. 그리고 과찬해 주셔서 몸 둘 바를 모르겠습니다. 지금까지 취조 당한 것 같았는데, 막걸리 마시자는 소리가 제일 반갑군요. 하하.

한 시인의 이야기를 듣는 것은 그 시인의 삶을 듣는 것이다. 바쁘지만 느리게, 비울 게 없지만 비운다는 생각마저도 비우며 살아가는 조금은 고집스럽고,

조금은 게으른(?) 김우영(金禹泳) 시인, 그가 들려주는 이야기의 언저리에서도 이 봄, 다시 새잎들은 돋아나리라.